AF338334

LETTRE A M. LAYARD,

SOUS-SECRÉTAIRE D'ÉTAT AU FOREIGN-OFFICE,

PAR FERDINAND DE LESSEPS.

Paris, le 23 mai 1862.

CHER MONSIEUR,

Les interpellations qui vous ont été adressées, le 16 de ce mois, à la Chambre des communes, ont donné lieu, pendant le débat, à des erreurs que je crois devoir rectifier, parce qu'elles sont de nature à répandre dans le public de fausses notions sur l'entreprise à la tête de laquelle j'ai l'honneur d'être placé. Avant de démontrer le peu de fondement des allégations dirigées contre la Compagnie du canal de Suez, je reconnais qu'elle a plus d'un motif d'être satisfaite de cette discussion. Je remarque d'abord, entre les orateurs qui ont pris part aux débats et vous-même, un accord implicite ou formel sur la question politique.

1

Lord Henri Scott, qui vient de visiter l'Égypte, a déclaré que, dans sa conviction, le canal de Suez, loin d'être dangereux pour l'Angleterre, au double point de vue commercial ou politique, doit lui offrir autant d'avantage qu'à toutes les autres nations du monde. L'assemblée, par son approbation, s'est associée à ce jugement. Lord Henri Scott a ajouté que la Compagnie était certainement indépendante des influences que l'on avait quelquefois supposé la diriger. J'avoue que cette attestation m'a été particulièrement sensible, et j'en remercie cordialement le noble lord. Je suis heureux de recueillir ce témoignage rendu à une conduite qui n'a jamais dévié. La Compagnie de Suez a des obligations et des devoirs qui lui sont nettement tracés par son acte de concession. Elle n'est pas fondée sur une pensée d'exclusivisme national. Son caractère est universel. Elle n'admet ni exception ni privilége. Elle est purement et uniquement commerciale. Elle doit rester étrangère à toute tendance, à toute combinaison comme à toute action politique. Telle est la loi de son institution, tel est son principe.

Vous étiez sans doute, cher monsieur, convaincu de cette situation lorsque vous avez jugé convenable d'écarter du débat la question politique.

La question politique, en effet, n'avait de raison d'être, que si le parlement anglais avait considéré le canal de Suez comme devant nuire aux intérêts de l'Angleterre; mais, Dieu merci, cette opinion ne pouvait prévaloir, et cette fois encore vous avez noblement contribué à démontrer que votre pays ne craint pas le développement de la concurrence commerciale et maritime. Vous ne pouviez d'ailleurs manquer de vous associer aux pensées du ministre illustre qui a eu le bonheur de vous choisir pour son plus éminent collaborateur. Lord John Russell a-t-il laissé le moindre doute sur ses opinions en cette matière lorsque, appuyant MM. Gladstone et Milner Gibson, il soutenait la motion Rœbuck relative au canal de Suez, et prononçait ces belles et généreuses paroles :

« Notre politique, c'est de rendre le commerce
» aussi libre que possible; c'est une politique juste et
» généreuse, mais je crois que c'est en même temps
» la politique la plus utile pour l'Angleterre de nous
» résigner nous-mêmes à la concurrence qui doit
» accroître le commerce du globe, et j'ai la pleine
» confiance que l'Angleterre n'a pas le moins du
» monde à souffrir de cette concurrence..... De quel
» droit le pouvoir exécutif, chez nous, viendrait-il
» priver les sujets de la reine des avantages qui
» pourraient leur être offerts de cette façon?... J'ap-
» précie très-haut la force de l'argument qu'a dé-
» veloppé le très-honorable représentant de l'Uni-
» versité d'Oxford (M. Gladstone). L'opposition faite
» au projet du canal de Suez est de nature à entre-

» tenir l'opinion trop répandue en Europe que,
» poussés par nos intérêts égoïstes et notre jalousie
» commerciale, nous sommes prêts à sacrifier ou à
» entraver le commerce de toutes les autres na-
» tions. Je crois que cette accusation n'est pas juste,
» mais je ne voudrais pas qu'elle pût devenir exacte. »

Maintenant je crois pouvoir dire, avec quelque certitude, que les orateurs du parlement ne sont plus séparés de moi que par un très-respectable scrupule sur une question d'humanité.

Ce n'est point l'exécution de l'entreprise de Suez qu'ils attaquent, c'est ce qu'ils appellent « le travail forcé » en Égypte.

Permettez-moi de présenter ici une considération préliminaire qui n'est pas une récrimination, mais une simple réflexion de justice internationale. En admettant que le travail forcé fût une coutume ou une institution égyptienne, un gouvernement étranger a-t-il le droit d'intervenir dans les affaires intérieures du gouvernement de l'Égypte?

Le principe de l'esclavage est établi en Amérique. L'Angleterre s'est-elle jamais hasardée à peser sur le gouvernement de Washington pour lui demander l'abolition de l'esclavage? Jusqu'à notre époque il y avait 40 millions de serfs en Russie. L'Angleterre a-t-elle jamais tenté d'exprimer le moindre mécontentement à la Russie parce qu'elle maintenait le servage?

L'Espagne est un pays dont les lois n'admettent la propagation d'aucun autre culte que celui de la religion catholique. L'Angleterre est un pays protestant. Plusieurs citoyens espagnols ont été condamnés devant les tribunaux pour avoir pratiqué ou enseigné la religion réformée. On s'en est plaint au Parlement. Qu'a répondu fort sagement lord Palmerston? Que c'était là une question de législation intérieure, dans laquelle par conséquent il ne pouvait intervenir officiellement auprès du gouvernement espagnol.

Dans ces trois circonstances, il s'agissait pourtant des principes les plus chers à l'Angleterre : la liberté de l'homme et la liberté des cultes.

Pourquoi donc l'Angleterre s'est-elle toujours abstenue à Washington et à Saint-Pétersbourg? Pourquoi a-t-elle montré tant de réserve à Madrid? Et pourquoi lui recommanderait-on une conduite tout opposée au Caire?

Il est un pays jouissant des avantages de la civilisation la plus avancée, où se passent les faits suivants :

« Les enfants d'un âge tendre sont engagés comme » apprentis par leurs parents, qui reçoivent le sa- » laire stipulé dans le contrat, et l'apprentissage, à » quelque époque qu'il commence, dure jusqu'à » vingt et un ans. Des magistrats obligent les en- » fants à observer l'engagement par lequel ils sont

» liés, toutes les fois qu'ils y résistent, quoique
» leur consentement n'ait jamais été demandé.
» L'apprenti fait partie de la propriété du maître,
» tant qu'il est au-dessous de vingt et un ans. Les
» héritiers du maître en héritent en cas de mort de
» celui-ci. Tel de ces apprentis a été acheté à un
» homme par un autre homme, pour le prix de douze
» francs. Il n'est pas rare qu'appartenant à un pro-
» priétaire sans argent, celui-ci le loue et reçoive le
» prix de son travail excédant le salaire qu'il doit
» aux parents. L'apprenti est puni par des coups et
» par la privation de nourriture. »

Ce tableau a été tracé par l'un des écrivains les
plus populaires de l'Angleterre, et le pays qui lui
en a fourni le sujet, c'est l'Angleterre.

Vous savez mieux que moi, cher monsieur, vous
qui avez défendu avec tant d'éclat et de chaleur la
cause des Hindous, tout ce que je pourrais dire sur
l'état des travailleurs dans les possessions anglaises
de l'Inde, si je voulais consulter vos discours et vos
écrits.

Pourtant si, au nom de la civilisation et de l'humanité, la France se permettait de se mêler à ces
questions douloureuses par ses agents ou par des
observations officielles, quelle juste irritation cette
ingérence ne soulèverait-elle pas en Angleterre, et
pourquoi, si vous avez le droit d'intervenir en faveur des fellahs d'Égypte, d'autres pays n'auraient-

ils pas le droit d'intervenir en faveur des apprentis de vos industriels et des Ryots de l'Hindoustan ?

C'est que, tout en sentant le besoin de remédier à de pareils abus, les gouvernements et les peuples doivent, avant tout, avoir un respect réciproque de leur dignité et de leur indépendance ; et une intervention irrégulière, bien loin d'adoucir ces plaies, n'est propre qu'à les envenimer.

Cependant, en ce qui me concerne, je n'admets pas une fin de non-recevoir dans une question d'humanité. On incrimine la Compagnie de Suez et le gouvernement égyptien. Je suis prêt à les défendre. Voyons donc dans quelles conditions fonctionne ce prétendu travail forcé.

J'invoque l'autorité du discours de lord Henri Scott, dont vous-même avez fait l'éloge. Il a dit :

« Il est vrai qu'un grand ouvrage ne peut être » exécuté, dans les pays orientaux, sans l'intervention » du gouvernement ; mais en se rappelant que les » travailleurs du canal sont régulièrement payés et » bien nourris, on ne peut pas dire que leur travail » soit entièrement forcé. Ils vivent, dans l'Isthme, » beaucoup mieux qu'ils ne le font, quand ils sont » engagés dans leurs travaux habituels. »

Voici donc un témoin anglais qui constate le bon traitement des ouvriers. Parlons du recrutement de ces ouvriers, effectué avec l'aide du gouvernement égyptien.

Moins qu'aucun autre pays, l'Angleterre est en état de nier le droit qu'a l'Égypte de lever des ouvriers pour les travaux d'utilité publique. C'est par ce mode de recrutement qu'a été construit, sous le vice-roi Abbas-Pacha, le chemin de fer d'Alexandrie au Caire, grâce à la pression et à l'insistance des agents britanniques. C'est par ce mode de recrutement et sous les mêmes influences, que ce chemin, si désiré par l'Angleterre, a été prolongé du Caire à Suez. C'est ainsi encore, que, récemment, de fortes tempêtes ou des débordements du Nil ayant occasionné d'énormes dégâts à cette voie ferrée, des armées d'ouvriers ont été rassemblées. Le chiffre s'en est élevé, il y a peu de mois, à cinquante mille hommes, réunis en si grand nombre, pour empêcher une longue interruption dans le service du transport des malles entre l'Inde et l'Angleterre.

Je ne parle pas des souffrances causées par la précipitation de ces rassemblements dans des solitudes, où tous les approvisionnements n'avaient pas été préparés à l'avance, comme ils l'ont été pour les opérations du canal de Suez. L'urgence parlait et l'Angleterre aussi. Mais certes, après de tels faits, ce n'est point en Angleterre qu'on peut prétendre que le gouvernement égyptien n'a pas un droit que l'Angleterre a si souvent invoqué, exploité et en quelque sorte imposé.

Ce point étant établi, l'action du gouvernement pour la réunion d'un grand nombre de travailleurs était indispensable en Égypte, comme dans le reste de l'empire ottoman ; la négation de cette faculté n'étant que la négation de la possibilité de l'exécution de toute œuvre d'utilité publique dans les pays orientaux, il reste à examiner si au point de vue de l'intérêt général, et surtout au point de vue de l'humanité, tout n'a pas été combiné, dans les arrangements contractés entre la Compagnie et le Vice-Roi, pour le bien-être des fellahs et pour le perfectionnement des conditions du travail demandé à la population égyptienne.

Vous avez parlé, cher Monsieur, du traité conclu entre Son Altesse et la Compagnie du canal, dans le but de prévenir la trop grande affluence des étrangers en Égypte et d'assurer aux travaux les bras qui leur sont nécessaires. J'ajouterai que cet arrangement a eu pour cause déterminante, l'intention d'enlever à votre gouvernement l'une de ses inquiétudes : celle de voir la Compagnie menacer l'indépendance égyptienne par une agglomération considérable de travailleurs européens. Le gouvernement égyptien est lié par ce contrat, qui est l'une des bases sur lesquelles les actionnaires ont été appelés à souscrire. Son inexécution serait le seul cas qui pourrait autoriser notre gouvernement à intervenir en faveur des capitaux français compromis et déçus. Or, vouloir contraindre le Vice-Roi ou le pousser à ne pas remplir ses engagements à ce sujet, ce serait justement provoquer et faire naître de la part de la France, la raison légitime et le devoir d'une intervention qui semble si redoutée de l'autre côté du détroit.

Le Vice-Roi a minutieusement sauvegardé, dans les règlements relatifs aux ouvriers du canal de Suez, toutes les questions d'humanité. Il leur a assuré un salaire supérieur à la paie ordinaire, ainsi qu'une bonne nourriture. Il les a mis à l'abri des châtiments corporels. Non-seulement ils doivent être soignés gratuitement s'ils sont malades, mais encore ils touchent, dans ce cas, la moitié de leur salaire. L'Europe entière, quand ce règlement a été publié, a applaudi à la sollicitude dont on y a fait preuve. Personne ne s'est hasardé à le critiquer, et devant le texte de cet acte, la malveillance n'a plus qu'une ressource : celle de faire croire à son inexécution.

C'est ainsi que les orateurs du Parlement ont été conduits, par des rapports ou des renseignements au moins inexacts, à articuler devant la chambre, des erreurs que je vous ai signalées au début de cette lettre, et qu'il est temps d'énumérer.

1° D'après M. Griffith, la Compagnie paierait au Vice-Roi le salaire mensuel gagné par chaque travailleur, en se bornant à lui fournir des rations;

2° D'après lord Henri Scott, les indigènes toucheraient leur pleine paie, mais ils la recevraient en billets à ordre, payables au Caire par la trésorerie égyptienne, la Compagnie employant ce moyen pour réduire sa créance sur le gouvernement;

3° Le noble lord ajoute que les malheureux travailleurs sont ainsi contraints, pour recevoir en argent le prix de leur labeur, de faire un voyage de cent et cent cinquante milles; et que, s'ils ne sont pas appuyés par des amis influents, on ne leur délivre au Caire que de nouveaux billets à échéance qu'ils abandonnent, à peu près pour rien, aux escompteurs de profession;

4° Vous avez vous-même une troisième version. Selon vos informations, la paie des hommes serait versée partiellement aux cheiks des villages, et pour la plus grosse part, entre les mains du Vice-Roi;

5° Les ouvriers auraient été payés, selon vous, tantôt par la Compagnie, tantôt par les entrepreneurs, et ceux-ci, à une certaine époque, auraient cessé leurs paiements;

6° Vous dites qu'un grand nombre d'hommes auraient été enlevés à l'époque de la moisson, ce qui naturellement serait pour eux, leurs femmes et leurs enfants une affligeante cause de détresse;

7° Vous affirmez que le quart du capital social de la Compagnie est déjà dépensé, quoique, dans votre opinion, les travaux soient très-médiocrement avancés.

Je ne peux pas oublier, cher Monsieur, que dans des termes tout bienveillants vous avez mis en dehors de ces allégations ma personne et mon caractère. Ce n'est pas la première fois que j'ai à regretter et à signaler la facilité avec laquelle on accueille sur les bancs de la chambre, en Angleterre, tout renseignement et toute erreur défavorables au canal de Suez, et je voudrais, au moins pour l'avenir, mettre cette assemblée en garde contre ces entraînements, qui la compromettent dans l'esprit de mes compatriotes et dans l'opinion du continent. Il n'est pas une seule des assertions que je viens de mentionner qui ne soit contraire à la réalité des faits. Je vous ai fait remarquer qu'à l'égard d'un de ces faits principaux, les renseignements de M. Griffith n'étaient d'accord ni avec ceux de lord Scott, ni avec les vôtres. Eh bien, les trois versions sont également et absolument inexactes.

Il n'y a rien de vrai dans cette assertion que, sous une forme ou dans une proportion quelconque, les salaires des hommes aient été retenus par la Compagnie, pour être versés, soit en argent, soit en compte, entre les mains du Vice-Roi.

Les hommes ont toujours été directement et personnellement payés. Ils ont toujours été payés en argent et non en papier. Ils ont toujours été payés sur les lieux où ils avaient travaillé. Il n'y a donc aucune espèce de réalité ni de vraisemblance dans le récit, par lequel on a fait croire à lord Scott, et l'on vous a fait croire à vous-même, que nos ouvriers avaient des voyages à entreprendre pour réaliser leur paie et qu'ils étaient livrés aux usuriers du Caire. Il n'est pas vrai que les entrepreneurs aient interrompu leurs paiements, et que jamais un ouvrier ait été licencié sans que son compte fût réglé et soldé. Voilà, cher Monsieur, ce que je vous affirme et ce que je suis prêt à prouver, s'il y a lieu, contre tout contradicteur.

Les faits parlent d'eux-mêmes. Il est mort jusqu'ici dans l'Isthme deux hommes sur dix mille. C'est une mortalité beaucoup moindre que dans tout le reste de l'Égypte. Cependant les fellahs se mêlent peu à peu à notre civilisation. Vous craignez que nous ne leur apportions la misère; nous leur apporterons des millions en salaires, qui iront se répandre dans les campagnes, et qui, dans un temps donné, atténueront, nous l'espérons, l'horrible usure qui est une plaie de l'Égypte. Nous élevons progressivement le fellah à la dignité de l'ouvrier libre. Nous aidons Mohammed-Saïd à achever son œuvre de civilisation. On accuse ce prince; on le calomnie même. Cependant qu'a-t-il fait?

Il a rendu aux fellahs la liberté de la culture; il leur a rendu la libre disposition de leurs produits. Ils étaient serfs, il les a détachés de la glèbe; il leur a distribué les terres du gouvernement; il a supprimé les monopoles sous lesquels ils gémissaient. Par son arrangement avec la Compagnie universelle, il a augmenté la somme de leur travail, il a multiplié les sources du salaire, il a été leur émancipateur à un degré inconnu dans les annales de l'Égypte; et c'est pourtant cet émancipateur des fellahs, qu'en Angleterre, des esprits honnêtes, mais mal informés, voudraient faire passer pour leur oppresseur!

Enfin, on vous a rapporté que nos dépenses jusqu'à ce jour s'élevaient au quart de notre capital, c'est-à-dire à 50 millions. Elles s'élèvent à moins de 40 millions. On ne vous a pas dit que, de cette somme de dépenses, il fallait encore déduire les nombreux approvisionnements accumulés dans nos magasins, et qui représentent une quantité donnée de travaux à accomplir, puisqu'ils sont destinés à nourrir les futurs travailleurs. On ne vous a pas dit, qu'il en fallait déduire aussi le fonds de roulement assez considérable qui doit toujours exister dans la caisse de notre agence supérieure d'Alexandrie. On ne vous a pas dit, qu'il en fallait retirer encore les 2 millions et demi employés dans des achats d'immeubles productifs, avantageux à la Compagnie, et qui sont un placement et non une dépense. On ne vous a pas dit enfin, que les frais de premier établissement étaient une des principales charges d'une entreprise de cette nature, surtout dans un désert où il fallait tout transporter, et que ces frais devaient se répartir sur l'ensemble et le prix de revient de toute l'opération. On ne vous a pas dit que, préalablement à l'exécution du travail, il fallait construire ou acheter un énorme matériel qui allégerait la dépense de l'avenir, tandis qu'il pèse sur les dépenses actuelles. On ne vous a pas dit, que nous avions fondé, sur les bords de la Méditerranée, une ville de quatre mille habitants, pourvue d'immenses ateliers et de mécanismes de toutes sortes, et qui doivent servir et fonctionner jusqu'à la fin des opérations. On ne vous a pas dit, que nous avions porté le Nil au désert; que nous avions assuré le transport économique de tous nos matériaux et de tous nos approvisionnements; que notre organisation est complète pour soutenir, alimenter et fournir d'instruments de tous genres une armée pacifique de quarante mille travailleurs. Nous croyons, au contraire, avoir beaucoup fait, quoiqu'il nous reste beaucoup à faire.

Nous avons commencé par semer, nous commençons à recueillir; nous sommes loin d'avoir à nous plaindre des résultats acquis, et je ne pense pas avoir à vous ajourner à longtemps pour en voir de plus grands encore, quoique j'avoue que nos frais généraux eussent pu être plus rapidement productifs, si nous n'avions été, pendant des années, gênés et entravés par la malheureuse opposition de quelques-uns de vos hommes d'État; mais ce n'est pas sur nous que le blâme en peut retomber.

Quant à moi, je n'hésite pas à exprimer toute ma

confiance, que nos prévisions sur les résultats défini-
tifs de la dépense seront justifiés par l'événement.

Mais que vous importe, cher Monsieur? Si l'Angleterre est intéressée au succès du percement de
l'Isthme, ce n'est pas, du moins, par son argent.
Pourquoi donc chercher à jeter, par des hypothèses
ou des doutes arbitraires, du discrédit sur une entreprise si utile? A quoi bon ces coups d'épingle?
Ils ne sont pas dignes de la juste estime où vous tient
le monde, ni de la grandeur de votre pays.

Croyez-moi, écartons toutes ces chicanes; mar-
chons avec cordialité et union vers le but auquel
nos deux peuples aspirent et qu'ils doivent attein-
dre. Vous êtes, plus que personne, fait pour en-
tendre cet appel adressé à la concorde et à la
fraternité pour le bien de la civilisation, pour la
diffusion des lumières et des richesses dans le monde.
C'est dans cet espoir, que j'ai l'honneur d'être, avec
autant de considération que d'attachement,

Votre bien dévoué,

FERD. DE LESSEPS.

PARIS. TYPOGRAPHIE DE HENRI PLON, IMPRIMEUR DE L'EMPEREUR, RUE GARANCIÈRE, 8.